Charles de Mazade

Le Socialisme dans l'Amérique du Sud

Essai

ISBN : 978-1543009019

10 9 8 7 6 5 4 3 2 1

Charles de Mazade

Le Socialisme dans l'Amérique du Sud

Essai

Table de Matières

Le Socialisme dans l'Amérique du Sud

C'est le magnifique et ruineux privilège de notre pays de remuer le monde de son souffle et de lui faire partager ses orageuses expériences. La France est le ministre universel des nations, la régulatrice souveraine de leurs mouvements et de leurs pensées ; elle jouit du merveilleux avantage de les défrayer de systèmes et de nouveautés. Privilège ruineux, disons-nous, puisque depuis qu'elle s'est accoutumée à être ainsi le laboratoire obligé de toutes les imaginations destinées à régénérer périodiquement l'espèce humaine, la France est elle-même la victime de son ardeur d'influence et de prosélytisme ; elle sacrifie ce qui lui reste de sève intérieure, de rectitude, d'équilibre moral, à ce rôle enivrant de prédominance extérieure et d'initiation universelle qui est le piège de sa nature sympathique, et qui finit par l'entraîner, hélas ! à ne plus s'inquiéter même du genre de son action, pourvu que cette action s'exerce et se manifeste. Il est trop vrai, en effet, qu'elle s'est montrée également habile à manier la puissance du mai et la puissance du bien, et c'est le lendemain du jour où elle régnait par la langue de Bossuet et de Pascal qu'elle s'est plu à enseigner aux séides de tous les pays la langue et le symbole de la pédante démagogie de notre siècle. Les nations, au reste, reconnaissent et subissent cet empire dans ce qu'il a de plus sérieux comme dans ce qu'il a de plus frivole ; elles s'y prêtent comme à une loi de la civilisation contemporaine. Nos caprices retentissent aux pôles, nos systèmes sont avidement recueillis et étourdiment popularisés par les déclamateurs des deux mondes, — et Dieu sait si caprices et systèmes prennent parfois au loin de singulières tournures ! Nos révolutions et nos modes sont calquées et répétées à quatre mille lieues ; la reproduction de nos révolutions n'est-elle point encore elle-même une mode, « la mode française, » comme on l'a souvent nommée ? « Le même empressement que nous déployons à nous approprier une danse en vogue à Paris, nous le mettons à singer en tout la France, » écrivait récemment un Hispano-Américain. Seulement il se peut bien, en vérité, — cela n'arrive-t-il même pas fréquemment ? — que nos modes soient fort passées chez nous, quand elles continuent de régner chez nos naïfs imitateurs, comme aussi, pour n'assumer que la plus stricte part de responsabilité, il faudrait ajouter que ce

Charles de Mazade

n'est plus la France seule aujourd'hui qui a le privilège de ces tentatives de propagande universelle ; elle y réussit toujours mieux que d'autres, et les regards du monde se tournent plus volontiers vers elle : voilà tout.

L'essence de ce mouvement cosmopolite, à travers ses excentricités et ses frivolités, est des plus étranges. Il ne tend à rien moins qu'à supprimer toute réalité, à suppléer aux conditions naturelles dans lesquelles se développe toute nationalité, toute agrégation sociale en voie de se former, par des conditions d'emprunt et des combinaisons factices. C'est l'art singulier d'assimiler les peuples à des automates humains vivant d'un même fonds politique, moral et intellectuel, s'habillant, pensant et se gouvernant sur un modèle unique. — Mais tout est contraste dans l'existence de ces peuples ; le degré de civilisation où chacun d'eux est parvenu n'est point le même ; les traditions diffèrent autant que les nécessités actuelles, les caractères autant que les aptitudes. — Qu'importe ? La merveille est de porter la vérité démocratique dans le désert, de doter l'Indien du droit électoral et de le discipliner dans les manifestations patriotiques à l'européenne. Supposez la réalisation entière de cette politique, l'idéal souverain, ce sera sans doute quelque congrès de la paix siégeant à Paris ou à Francfort, à moins que ce ne soit à Constantinople, comme le veulent les fouriéristes, et étendant les ramifications de son empire aux îles inconnues et aux continents dépeuplés pour y faire germer l'*idée*. Tous les peuples devront marcher du même pas que les novateurs dans cette voie et se nourrir de la même substance.

Un des plus curieux spécimens de cette assimilation universelle de toutes les régions habitées ou inhabitées, c'est ce qu'on pouvait remarquer l'an dernier au fond de l'Australie du sud. Là, au milieu de ces pauvres émigrants tout absorbés dans leur rude industrie, occupés à défricher leurs terres, à parcourir leurs pâturages ou à abattre leurs bestiaux, il s'était trouvé une gazette et quelques journalistes pour prêcher l'*idéocratie*, pour publier des articles sur *l'état, le droit de la révolution, la responsabilité de tous en tout*, etc. Nous ne sommes point malheureusement en mesure de raconter les suites de cette expérience, la mieux adaptée, on en conviendra, aux conditions morales et matérielles de l'Australie ! — Ou bien c'est le socialisme prospérant et florissant au cœur de l'Amérique du Sud :

Le Socialisme dans l'Amérique du Sud

oui, le socialisme entre les Andes et l'Océan Pacifique, dans le voisinage du Chimborazo et de l'Illimani, le *rougisme, — el rojismo, —* comme l'appellent les polémistes de ces contrées ; le droit au travail invoqué, la solidarité proclamée, les clubs disciplinés, les artisans dégrossis et dressés à la pantomime oratoire, le prolétaire érigé en sauveur, la vieille société vouée aux dieux infernaux ! Le Chili et la Nouvelle-Grenade sont surtout, à divers degrés, le théâtre de cette invasion récente. Bizarre prolongement des révolutions européennes ! puéril et absurde écho des problèmes qui nous oppressent, des luttes qui nous dévorent et nous rejettent sans cesse d'une extrémité à l'autre, — comme si l'Amérique du Sud n'avait point par elle-même une expérience suffisante de toutes les alternatives révolutionnaires ! « Qu'avons-nous à apprendre ? dit avec une sorte d'ironique éloquence un des plus remarquables observateurs de cette situation, Américain lui-même ? ne sommes-nous pas maîtres et docteurs dans l'art de la révolte et de l'oppression ? Nous empruntons aux démagogues français leur liberté illimitée : n'avons-nous pas joui durant quarante années de la liberté illimitée de nous tuer les uns les autres, de renverser des lois et des gouvernements ?… De toutes ces choses, nous en avons surabondamment parmi nous, nous en sommes excédés. S'il y avait une exposition universelle d'anarchie et de despotisme, ce que nous pourrions offrir en ce genre ne tiendrait pas dans un monument mille fois plus grand que celui de Hyde-Pack. Nous pourrions envoyer des libérateurs assassinés, des présidents et des représentants égorgés, des matrones respectables flagellées, des femmes deux fois frappées à mort, — en elles-mêmes et dans l'enfant qu'elles portaient dans leur sein, — des révolutions, des émeutes et des *pronunciamientos* à remplir les navires de plus haut bord… » Il faut aller au fond des choses. Quelle est la portée véritable de cette action des idées démocratiques européennes dans l'Amérique du Sud ? quel est leur rapport avec l'état réel de ces jeunes pays ? Quelle est la part légitime des influences de l'Europe dans le problème des destinées morales et matérielles de cet immense et merveilleux continent ? Ce sont des questions dont la solution ressort invinciblement de ce bizarre épisode même, des livres qui le racontent, de ce tourbillon de publications sans durée qui en sont le perpétuel commentaire, et plus encore de l'observation exacte clés élémens intimes

Charles de Mazade

qui s'agitent au sein de cette partie du Nouveau-Monde comme le ferment inconnu de sa turbulente histoire : questions bien au-dessus des intérêts vulgaires et artificiels de partis, et que l'auteur du fragment que nous citions, M. Félix Frias, met en un saisissant relief dans une série de *Lettres* adressées de Paris même à un journal de Valparaiso, — le *Mercurio*. Les lettres de M. Frias sont le résumé et la condamnation des tentatives socialistes de l'Amérique du Sud. Un des mérites de ces pages souvent éloquentes écrites parmi nous, parfois sévères et parfois aussi spirituellement justes en ce qui concerne la France, c'est de s'inspirer de la solidarité qui lie les républiques sud-américaines dans la laborieuse expérience de tous les moyens de civilisation.

Tel est, en effet, le développement moral des contrées diverses de ce monde hispano-américain, constituées aujourd'hui en nationalités distinctes, que tout est commun entre elles. On peut, avec quelques traits empruntés à l'Europe, essayer de leur créer une physionomie différente, dire, par exemple, que le Chili est l'Angleterre du Nouveau-Monde, tandis que le Pérou en serait l'Italie, et que la France serait représentée par cette vive, intelligente et turbulente population argentine. Au fond, langue, traditions, besoins actuels, vices, problèmes à résoudre, tout est identique dans ces états, qu'ils soient paisibles comme le Pérou aujourd'hui, ou en ébullition comme le Chili et la Nouvelle-Grenade ; le mélange des races et des classes entre elles est le même, comme la proportion de la richesse, comme les conditions naturelles ; la Colombie a la vie pastorale dans ses *llanos*, comme Buenos-Ayres dans ses *pampas*. — Si le socialisme est un progrès, ainsi que le proclament ses adeptes, est-ce un progrès découlant naturellement de cette situation commune des républiques du Nouveau-Monde ? S'il est une maladie, comme nous le pensons, est-ce une maladie inhérente à cet état ?

À le considérer comme philosophie, le socialisme n'est guère autre chose que le fruit d'une civilisation extrême et corrompue ; c'est le matérialisme savant et ardent propre à une société aux rangs pressés, altérée de bien-être et de jouissances, dévorée d'antagonismes redoutables et atteinte d'une sorte d'engorgement et de plénitude. Rien de semblable dans ces sociétés américaines, groupes informes et sans cohésion répandus sur un sol sans limites. La vie euro-

péenne se reflète sans doute dans les villes avec ses caractères principaux ; mais cette influence n'est elle-même qu'un des éléments de
cette sociabilité mal équilibrée et pleine de contrastes. Franchissez
les murs de la cité, la scène change, les paroles n'ont plus le même
sens ; le mot de liberté n'a plus une signification politique et légale ;
il ne signifie que le développement spontané de l'énergie individuelle, de l'instinct individuel. Les antagonismes des classes n'ont
point pour motif l'inégalité des rangs et des richesses, quelque
réelle qu'elle soit pourtant ; ils s'expliquent par la différence du sang,
peut-être par un vieux ressentiment de vaincu à vainqueur, à coup
sûr par l'absence de solidarité morale entre des races juxtaposées
plutôt que fondues dans un ensemble social et politique compacte.
La dissémination d'une population rare et stagnante, l'impossibi-
lité de communications régulières, empêchent également le développement moral et le développement de la richesse. Le stimulant
manque, l'exemple fait défaut. L'association fractionnée et morce-
lée se replace naturellement dans des conditions élémentaires, et
devient, dit un écrivain, quelque chose comme la famille féodale
isolée, repliée en elle-même, et, en l'absence de toute vie collective,
quel gouvernement est possible ? quelle peut être l'action de la justice ? quelle organisation publique efficace peut se fonder ? A côté
de l'élément barbare qui se fait jour, sans cesse prêt à faire irruption
dans la vie civile, et qui est la véritable nouveauté de ce monde, ce
qui reste du passé dans l'ensemble de ces mœurs est immense. Le
caractère espagnol s'y retrouve dans son essence, combiné seulement avec les influences excitantes des solitudes sauvages. L'amour
de l'indépendance individuelle y devient un instinct passionné,
hasardeux et malheureusement stérile d'indiscipline. Le sentiment
religieux, inséparable de la nature espagnole, ne s'efface pas ; mais
il est enfoui sous l'amas des superstitions locales, et il retrouve par
-moments dans son expression une sorte de couleur primitive. « Je
me trouvais, dit un des écrivains américains qui ont le mieux réussi
à communiquer l'impression de ce genre de scènes, M. Sarmiento,
— je me trouvais dans la maison d'un *estanciero* dont les deux oc-
cupations favorites consistaient dans la prière et dans le jeu. Il avait
élevé une chapelle où, le dimanche au soir, il récitait lui-même le
rosaire, faute de prêtre et d'office divin habituel. C'était un tableau-
homérique. Le soleil descendait vers le couchant ; les troupeaux,

Charles de Mazade

qui revenaient dans leur parc, remplissaient l'air de bruits confus. Le maître de la maison, homme de soixante ans, d'une physionomie noble, où la race européenne se révélait par la blancheur de la peau, les yeux bleus, un front spacieux et dépouillé, alternait avec une douzaine de femmes et quelques jeunes campagnards dont les chevaux mal domptés encore étaient attachés autour de la porte de la chapelle. Le rosaire achevé, suivait une autre prière. Jamais on ne fut témoin de foi plus ferme et de prière mieux adaptée à tout ce qui nous environnait. L'*estanciero* demandait à Dieu des pluies pour les champs, la fécondité pour les troupeaux, la paix pour la république, la sécurité pour les voyageurs… On se croyait aux temps d'Abraham, en présence de Dieu et de la nature qui le révèle… » Il est aisé de pressentir ce qu'il y a dans cet ensemble moral d'incompatible avec les métaphysiques socialistes.

La bizarrerie de cette naturalisation du socialisme dans le Nouveau-Monde n'est pas moindre au point de vue économique. Paupérisme, prolétariat, paroxysmes industriels, déplacements ou perfectionnements du travail laissant tout à coup une population affamée, antagonismes des intérêts, guerre du capital : quel rapport réel peuvent avoir ces questions, sur lesquelles les socialistes de l'Europe édifient leurs systèmes, avec un pays où les bras manquent au travail plus que le travail aux bras, où on produit peu, parce qu'on a peu de besoins, et où éclate sous mille formes la disproportion du capital avec les éléments à exploiter, de la population avec l'étendue du sol ? La plaie secrète de ces contrées, c'est le vide, c'est le désert. Il y a des régions mystérieuses, comme le *Chaco Boliviano*, dont on n'a point sondé les profondeurs. La Nouvelle-Grenade a plus de trente-cinq mille lieues carrées de surface, et moins de deux millions d'habitants ; la zone des savanes, des *llanos* dans le Venezuela, embrasse neuf mille lieues carrées, et compte quarante mille âmes ; la zone des bois et des forêts vierges nourrirait quinze millions d'habitants et en a soixante mille. Le versant oriental des Andes péruviennes se prolonge en immensités inexplorées vers le Brésil. Le Chili se perd au nord et au sud dans le désert, sans compter les lacunes de l'intérieur. La Confédération Argentine comprend près de deux cent mille lieues carrées, et a une population inférieure à celle de Paris. C'est à peine faire acte de possession humaine. Le droit au travail ! nous disait spirituellement un Américain éclairé, — c'est la terre seule, hélas ! qui pourrait l'invoquer justement parmi nous, c'est la terre qui a droit aux sueurs de l'homme, à son industrie, à ses labeurs, et qui ne les a pas. Ce sont les champs sans culture ; ce sont les fleuves qui n'ont été sillonnés jusqu'ici que par la *balza* du sauvage, et qui n'ont jamais prêté à une usine la force motrice de leurs eaux. Il est vrai qu'ainsi compris, ce genre singulier de *droit au travail*, c'est pour l'homme le devoir et l'obligation du travail, et dans ces termes, rien n'est moins dans la nature des populations américaines, dont l'activité ne s'enflamme point au spectacle permanent de cette fécondité et de ces forces inutiles. Un des traits distinctifs de ces populations au contraire, c'est l'amour de l'oisiveté et l'incapacité industrielle, nourries et entretenues par une absence totale de besoins. C'est même une question pour les observateurs les plus impartiaux de ces contrées de savoir si la contrainte serait un moyen suffisant pour plier les races populaires américaines à un travail rude et suivi. Francia seul peut-être a poussé assez loin la solution du problème, et on sait par quels procédés. Aussi les branches d'industrie les plus florissantes en Amérique, les plus nationales, dirons-nous, ce sont celles qui n'entraînent ni énergie patiente ni assujettissement, — l'entretien d'immenses troupeaux par exemple. C'est à peine si un progrès commence à se faire jour dans quelques-unes de ces républiques les plus favorisées. On soit combien, à mesure qu'elles se dérouleraient, ces questions, qui touchent aux conditions morales et matérielles de l'Amérique du Sud, prendraient un tout autre caractère qu'en Europe. Déjà, dès 1823, ces questions se présentaient à l'esprit d'un des hommes les plus éminents du Pérou, — Monteagudo, — qui, banni au lendemain de l'indépendance, publiait à Quito un rare et curieux *mémoire*.[1] Monteagudo avait à se défendre d'avoir peu favorisé, comme ministre péruvien, le progrès des idées démocratiques, et il se fondait sur l'incompatibilité de ces idées avec le degré de civilisation et l'état moral du pays aussi bien qu'avec sa situation économique. Le ministre disgracié du Pérou, dans ces pages peu connues et dignes de rester présentes aux intelligences politiques de l'Amérique du Sud, touchait à la racine même du problème des destinées du Nouveau-Monde. C'est le problème qui s'agite encore aujourd'hui dans des conditions ag-

1 *Memoria sobre los principios politicos que segui en la administracion del Peru, y acontecimientos : posteriores a mi separacion. — Reimpreso en Santiago de Chile.* 1823.

Charles de Mazade

gravées par l'effervescence croissante des esprits et par le retentissement des récentes révolutions européennes.

Si les idées démocratiques et le socialisme sont absolument sans rapport avec le fonds réel des sociétés américaines, comment donc expliquer ce redoublement d'intensité avec lequel ces idées sévissent aujourd'hui dans le Nouveau-Monde ? Il s'explique par un phénomène propre aux populations éclairées de ce pays. Ce n'est point par le développement moral, par l'effort de l'activité humaine appliquée au travail que ces populations cherchent la civilisation, c'est par une impulsion purement intellectuelle. Si peu qu'on ait eu l'occasion d'observer quelques-uns des représentants de cette race hispano-américaine, on n'aura pu s'empêcher de remarquer en eux une singulière vivacité d'esprit, une promptitude extrême à tout saisir et à tout comprendre, une rare intelligence en un mot, — et, comme chez toutes les races méridionales, qui procèdent souvent par l'imagination plutôt que par une expérimentation propre, cette intelligence devient facilement imitative. Les Hispano-Américains n'imitent pas seulement par circonstance, par une sorte de nécessité résultant d'une émancipation prématurée ; ils imitent par instinct, par nature. Un invincible penchant les pousse à reproduire tout ce qui se fait dans le vieux monde, et ce qui apparaît parmi nous de plus extrême, de plus excentrique, est aussi ce qui a le plus de chances d'enflammer ces imaginations sans défense. L'esprit d'imitation gouverne la vie publique de ces contrées ; il fait des diplomates très instruits sur les principes de l'équilibre européen, des hommes d'état merveilleusement versés dans les secrets de nos organisations politiques, des publicistes qui n'ignorent aucun des artifices de nos systèmes et de nos discussions, qui ont tout l'extérieur du talent sans en avoir l'originalité ; il constitue l'essence d'une civilisation intellectuelle plus superficielle que profonde, et qui n'a réussi à se manifester jusqu'ici que par une littérature de brochures et de journaux où tourbillonnent sans choix, sans mesure, sans discernement toutes les influences, toutes les réminiscences de l'Europe. M. Frias ne cache point ces tendances dominantes dans les républiques du sud. L'auteur néo-grenadin d'un opuscule récent sur le régime en vigueur à Bogota, — *Ojeada sobre la administracion del siete de marzo*, — n'en défend point son pays. « Les Grenadins, dit-il, comme les autres Hispano-Américains, reçoivent toutes leurs opinions et leurs idées des livres français. Ces états réfléchissent, pour ainsi dire, comme autant de fragments d'un miroir brisé, les lumières bienfaisantes qui brillent en France et la flamme sinistre des torches incendiaires qui consternent ce pays » Le premier fruit de l'esprit d'imitation en Amérique a été le règne de cette génération libérale et démocratique du lendemain de l'indépendance dont les *unitaires* argentins sont restés le type le plus achevé : race merveilleuse par son aptitude intellectuelle et son incapacité pratique, qui rédigeait des symboles constitutionnels, mêlait dans ses adorations Montesquieu et Rousseau, appliquait les théories d'Adam Smith, traduisait en lois et en décrets toutes les idées du XVIIIe siècle, sans paraître soupçonner que ces spéculations n'étaient autre chose que la chimère d'esprits fascinés par l'exemple du vieux monde et ne servaient qu'à construire un édifice en l'air. Le progrès, le prétendu progrès suit son cours ; les idées démocratiques deviennent le socialisme en Europe : — c'est le socialisme, à son tour, qui a son jour et son heure dans le Nouveau-Monde. Les projets de constitutions se modèlent sur les plans des sectaires de France ; les clubs vont se naturaliser dans les bourgades américaines. Il y a des Christophe Colomb de la liberté illimitée et des pontifes de la fraternité universelle. Fictions politiques, fictions littéraires exercent là-bas leur despotique empire et passent dans la circulation avec une désastreuse facilité. C'est toujours le même puéril effort d'imitation. De là le caractère artificiel qui se fait remarquer dans l'ensemble de la vie américaine, dans les chocs des partis, dans le jeu des institutions. De là un contraste permanent entre le mouvement intellectuel d'où émane exclusivement tout ce qui est tentative de transformation politique ou sociale et la réalité pratique. On proclame théoriquement le droit, la souveraineté des multitudes, et, au premier coup de tocsin de la guerre civile, chacun, retournant à ses coutumes, va faire la *presse* des Indiens et les marque au besoin pour qu'ils ne désertent pas. On songe à donner une couronne au *souverain*, suivant une piquante expression, avant de lui donner une chemise. Le docteur Francia, grand socialiste en son genre, mais original du moins, se bornait à donner un chapeau aux enfants nus du Paraguay, à cette seule fin de pouvoir saluer l'autorité. « C'est un mensonge, dit M. Félix Frias dans la plus remarquable de ses lettres sur *l'influence des idées dé-*

Charles de Mazade

magogiques de la France dans les républiques espagnoles, — c'est un mensonge que le peuple en Amérique réclame la liberté illimitée de la presse, puisqu'il est vrai qu'il ne sait pas lire ; c'est un mensonge qu'il réclame la liberté illimitée des clubs, puisqu'il est vrai qu'il ne sait pas parler, — et, ce qui est mieux, c'est qu'il ne sait pas comprendre qui lui parle. Le peuple ne sait rien de tout cela et ne connaît pas même son ignorance… C'est un mensonge que nous puissions réaliser complètement la république, puisqu'il est vrai au contraire que nous avons des institutions supérieures à nos meurs, à nos forces, à notre milieu social… » Tel est le désaccord intime et profond qui travaille ces sociétés, — germe incessant d'anarchie, perpétuel malentendu entre la réalité, qui a son caractère, ses conditions propres, et l'intelligence attendant ses idées, ses impressions, ses fascinations du premier paquebot venu de l'Europe.

Le Chili et la Nouvelle-Grenade, nous le disions, ont eu le privilège d'être principalement le théâtre de cette curieuse expérimentation socialiste. Seulement, le socialisme au Chili est resté une opposition, une faction qui a réussi à faire descendre le pouvoir dans la lice des guerres civiles, mais sans le vaincre ; à la Nouvelle-Grenade, il est aujourd'hui encore une domination, un gouvernement monté aux plus hauts tons humanitaires. À quoi ces deux pays ont-ils dû le privilège spécial de cette recrudescence démocratique ? Peut-être à un degré plus marqué de culture intellectuelle, ce qui ne veut dire guère autre chose qu'une familiarité plus grande avec les mouvements de la pensée européenne. Quel état cependant semblait plus à l'abri que le Chili ? Deux mots peuvent résumer son histoire contemporaine : vingt ans de paix et de prospérité ont couronné vingt ans de sagesse et de bon gouvernement et ont valu à ce pays la réputation de la première des républiques sud-américaines. Le Chili, depuis 1830, n'a eu que deux présidents, le général Prieto et le général Bulnes, résultat dû à la possibilité des réélections. M. Manuel Montt est aujourd'hui le troisième, président, récemment élu. Cette période de vingt années forme ce qu'on pourrait appeler le règne de la politique conservatrice au Chili, — politique inaugurée et suivie par les hommes les plus éminents, les Prieto, les Bulnes, Portales, la plus forte tête politique peut-être du Nouveau-Monde depuis l'indépendance, et qui, avant de mourir assassiné en 1837, a été le véritable fondateur de la stabilité intérieure ; M. Manuel Montt, chef actuel du pouvoir ; MM. Varas et Urmeneta, ministres encore en ce moment. Les jeunes démocrates chiliens appellent cette politique le *peluconisme*, quelque chose comme le *perruquisme*. Dans le langage de la démagogie néo-grenadine officielle, les mêmes opinions s'appellent le *gothisme*, — *el godismo*. À moins d'être un socialiste bien marqué au timbre le plus récent, vous risquez fort pour le moment de passer dans ces deux contrées pour un *pelucon* ou un *godo*. Toujours est-il que sous l'empire du *peluconisme* la situation du Chili s'est progressivement affermie ; son crédit s'est fondé et est arrivé à un degré de consistance remarquable : le commerce a fleuri et vient d'atteindre au chiffre de 25 millions de piastres. L'industrie des mines a vivifié les provinces du nord et a produit ces dernières années une exportation de près de 200,000 quintaux de cuivre en barre et de 400,000 marcs d'argent. Quelques villes, comme celles de Copiapo et de la Serena, se sont transformées subitement. D'un autre côté, au sud, dans la province de Valdivia, des familles allemandes attirées par le gouvernement sont venues former des colonies agricoles. Les partis politiques eux-mêmes subissaient l'influence heureusement dissolvante de la paix, les éléments révolutionnaires perdaient de leur intensité et de leur feu. C'est sur ces éléments assoupis, sinon dissous, que la révolution de février, tout bizarre que cela soit, est venue souffler, en leur communiquant une nouvelle et redoutable violence : tout témoigne du profond retentissement qu'a eue l'explosion européenne de 1848 au-delà de l'Atlantique. L'impression a été vive surtout dans l'âme de la jeunesse américaine, qui s'est crue en quelque sorte sommée de suivre le mouvement et de marcher au pas de charge dans la voie démocratique. Ces légers et ardents esprits ne se sont nullement mépris d'ailleurs ; ce qu'ils ont salué dès l'abord, c'est une révolution socialiste, et c'est comme telle, bien entendu, qu'ils ont assumé l'entreprise d'en donner au-delà des Andes la représentation ou la parodie chauffée au soleil de l'Océan Pacifique. Est-ce donc qu'il n'y a point au Chili, comme dans toutes les républiques hispano-américaines, une multitude de ces questions qui donnent prise au radicalisme et favorisent son action ? Ces questions existent assurément. La misère s'étale dans une nudité sauvage à côté de l'opulence, les salaires sont modiques, la propriété est restreinte et ne s'étend pas aux classes populaires, les

Charles de Mazade

majorats même subsistent encore, bien qu'en petit nombre ; mais en quoi l'élévation arbitraire du taux des salaires donnera-t-elle le goût du travail et de la propriété à ce qu'on nomme bizarrement le prolétaire chilien, — au *guasso* imprévoyant et indolent, dont l'unique préoccupation se borne au vêtement et à la nourriture du jour, et qui, s'il découvre par hasard quelque filon minéral dans un repli des Andes, se hâte de le vendre pour quelques piastres ? En quoi le fractionnement légal du sol allant jusqu'au régime agraire résoudra-t-il le problème de peupler des territoires immenses sans maîtres, où on nourrit des chevaux et des bestiaux, faute d'hommes pour les transformer par la culture ?

À côté de ces conditions, de ces vices, si l'on veut, de ces besoins qui caractérisent et déterminent le mouvement réel de la sociabilité chilienne, qu'on place cet autre mouvement factice créé par quelques esprits creux. C'est en 1850 surtout que se déroule cette série d'agitations et de tentatives qui forment comme un appendice lointain de ries révolutions, — traduites en chilien. Au sein même du congrès se produit un projet de constitution qui va aux plus extrêmes limites de la démocratie et flotte entre le communisme de M. Louis Blanc et l'anarchie de M. Proudhon. À l'instar des sociétés populaires de France, il se forme à Santiago une affiliation sous le nom de *Société de l'Égalité*. Là le socialisme tient ses assises et se répand en invocations à la sainteté du droit révolutionnaire, en effusions sur l'égalité et la fraternité, en apothéoses du droit au travail : là aussi éclate le coup de théâtre de l'ouvrier orateur, instruit dans l'art de tonner contre le capital et la vieille société. Le club de *l'Égalité* n'oublie pas davantage un article essentiel du programme, — les processions *pacifiques*, bannières au vent décorées d'emblèmes païens et de triangles égalitaires, — tandis que quelques journaux, tels que le *Progresso*, la *Barra*, continuent et propagent l'enthousiasme démocratique. Il y a au Chili, comme partout, les habiles politiques qui, sans aller aussi loin, ne dédaignent pas le secours de passions qui les servent, et qu'ils se promettent de dominer. Tel est à peu près le rôle de quelques personnages politiques, comme M. Camilo Vial, M. Errazuris, M. Lastarria, qui représentent une sorte de parti progressiste. Le châtiment de ces hommes dont quelques-uns ont été ministres, c'est d'avoir été effacés dans ce mouvement par M. Francisco Bilbao, — le jeune Hercule socialiste du Chili !

M. Bilbao est une des plus curieuses figures de l'Amérique actuelle, point aussi neuve, à coup sûr, que d'autres caractères plus empreints d'originalité locale, mais au moins aussi instructive : c'est le type juvénile et rutilant de ces imaginations à peu près complètement folles, qui embrassent frénétiquement les caprices, les rêves les plus monstrueux de notre civilisation et s'apprêtent à les réaliser avec l'apparence du plus imperturbable sang-froid. Élevé en Europe, il a lu les maîtres du genre ; il s'est façonné à leur pensée et à leur style : nul mieux que lui ne sait exécuter les variations d'usage sur la *sainte* république, les *frères et amis*, le *Christ fils du charpentier* et *rédempteur social*. Il a l'idée fixe du prolétaire et de l'aristocrate. Il a bien été quelque peu condamné par la justice du pays, mais c'est uniquement pour mieux remplir les conditions de l'apostolat. M. Bilbao a fait un livre, la *Sociabilidad chilena*, qui est le résumé de ses doctrines, ou, pour mieux dire, de nos doctrines révolutionnaires les plus quintessenciées. En 1850, il écrivait les *Bulletins de l'Esprit*, — *Boletines del Espiritu*, — sur le mode lyrique des *Paroles d'un Croyant* et des *Bulletins de la république*. Ses compatriotes l'appellent le Lamennais de l'Amérique ; il en pourrait être aussi bien et tout ensemble le Louis Blanc, le Pierre Leroux, le Mazzini, le Struve. Ce n'est pas trop de tous les *siboleth* démocratiques pour implanter l'unité et la solidarité au pied des Andes. Le premier rôle revenait évidemment à M. Bilbao dans l'intermède socialiste du Chili : c'est lui qui a été l'âme, le héros de la *Société de l'Égalité* et de ses promenades patriotiques. Le succès de ce jeune énergumène a été de faire un moment du socialisme l'objet de la curiosité publique, de la conversation générale, — quelque chose comme un combat de coqs ou une course de taureaux, — dans une ville comme Santiago, où il n'y a ni industrie, ni commerce, ni entrée ou sortie de vaisseaux, ni théâtres même qui dispensent d'aller chercher la comédie dans la rue. — Le malheur du socialisme chilien, c'est de ne s'être point contenté de ses prédications ou de ses exhibitions, et d'avoir voulu trop tôt devenir quelque chose de plus palpable et de plus réel. Le socialisme a fait des balles et des cartouches ; il a commencé un jour, à Santiago, par aller cracher fraternellement à la figure du gouverneur. Dans la province voisine d'Aconcagua, à San-Felipe, il usait du poignard contre l'intendant : il s'est heurté, en un mot, contre la réalité. Le socialisme était-il

Charles de Mazade

autre chose qu'une ombre, — ombre à la fois meurtrière et grotesque ? Toujours est-il qu'il s'est évanoui dès que le gouvernement
a marché sur lui. La décoration est tombée : la *Société de l'Égalité* a
disparu, les héros de la démocratie chilienne ont été dispersés, et
M. Francisco Bilbao lui-même, hélas ! a dû transporter au Pérou
sa propagande.

Première défaite ; voici la seconde. Le socialisme chilien, selon
les saines traditions, est de droit divin ; il est supérieur au suffrage
national, à la volonté publique. Il y a quelques mois, en 1851, la
volonté publique avait à s'exprimer, à élire un président. Et qui éle-
vait-elle justement au pouvoir ? L'homme le plus antipathique à
cette turbulente démagogie, — M. Manuel Montt, — esprit pratique et ferme, très dédaigneux de la popularité vulgaire, et dont la
politique consiste à s'occuper bien moins de théories et de systèmes
que du développement des intérêts réels, entre lesquels il place au
premier rang le bienfait moralisateur de l'éducation. La nouveauté
de cette élection, c'est d'être allée chercher un personnage de la vie
civile. C'était l'heure que le socialisme choisissait pour courir aux
armes. Un chef militaire, le général Cruz, enlevait quelques soldats
et allait vers le sud recruter ces fiers Indiens de l'Arauco, chantés
autrefois par Ercilla dans l'*Araucana*, successivement refoulés dans
le désert, mais non soumis encore : force redoutable appelée au
sac de la société organisée, offerte à ses sauvages instincts. Dans
le nord, les *peones* déchaînés pillaient et dévastaient les mines de
Chañarcillo. L'insurrection s'établissait à la Serena. Nous avons
sous les yeux les bulletins de cette révolte : ils sont des plus curieux et déguisent mal un des phénomènes les plus universels dans
l'Amérique du Sud. Il y a en effet dans ces états sud-américains
deux courants visibles qui ne se contrarient pas toujours ; il y a la
tendance purement révolutionnaire à l'européenne et l'action permanente des ambitions militaires. C'est ce que les conservateurs
néo-grenadins appellent aujourd'hui dans leur langage le *milita-
risme* et le *rougisme*. Chacun de ces éléments pris à part suffirait
au bouleversement total de ces républiques. Ils se réunissent et se
donnent la main dans le récent mouvement du Chili. Si le général Cruz eût réussi, son pouvoir eût été forcément un mélange de
despotisme militaire et de radicalisme démagogique, -l'idéal des
gouvernements, comme on voit ! C'est ainsi que la prospérité nais-

sante du Chili s'est trouvée momentanément paralysée. Que devenait cependant le jeune hiérophante du socialisme chilien, M. Bilbao, à qui appartenait naturellement la spécialité des proclamations dithyrambiques dans ce mouvement ? Réfugié au Pérou, il continuait à démontrer que « la société actuelle est un enfer présidé par une collection diabolique de joueurs qui se dévorent les uns les autres. » Il gourmandait ces pauvres gouvernements assez mal avisés pour empêcher l'Amérique du Sud tout entière « de se faire *une* comme Dieu et de tout niveler par le fameux principe de la solidarité, — à l'exemple de la Nouvelle-Grenade qui tient l'avant-garde, de l'Équateur qui la suit, de la tempête qui se condense sur la Plata et qui gagnera jusqu'aux Amazones, de l'Arauco qui allume ses volcans et des fils de *Lautaro* qui escaladent les murailles du *peluconisme* ! » il faut bien le dire en humble prose après ces merveilles pindariques : le Pérou n'a point goûté du tout l'unité et la solidarité universelle, et il a même prié M. Bilbao d'aller exercer ailleurs son industrie. L'épée fidèle du général Bulnes, au Chili, a fait taire les volcans de l'Arauco, et les murailles du *peluconisme* sont debout. Ce que la tempête de la Plata couve dans ses flancs, l'avenir seul peut le dire.

Reste, il est vrai, la Nouvelle-Grenade ; mais là, en compensation, fleurit merveilleusement la démocratie nouvelle selon le rêve de M. Bilbao. Le socialisme règne et gouverne ; il fait des lois et des décrets ; il a sa personnification inattendue et son pontife dans le chef même du pouvoir, — le général Hilario Lopez. Ce n'est pas que le général Lopez soit bien fixé sur le dogme régénérateur du progrès humanitaire ; c'est un peu un socialiste sans le savoir. Soldat de l'indépendance, employé dans diverses missions intérieures et extérieures où sa capacité a peu brillé, assure-t-on, c'est un de ces types de libéralisme creux éclos tout exprès pour servir de décoration aux partis révolutionnaires. Le général Lopez est l'instrument des clubs de Bogota et de quelques familiers dont le ministre des finances, M. Manuel Murillo, paraît être aujourd'hui le plus habile. L'origine de ce singulier pouvoir est des plus caractéristiques. La Nouvelle-Grenade, on le sait, est une des trois républiques issues de l'ancienne Colombie, qui comprenait en même temps le Venezuela et l'Équateur. La guerre civile a été assez souvent son état normal après sa séparation ; en 1839, 1840 et 1841 notam-

Charles de Mazade

ment, elle plongeait le pays dans la dévastation et dans le sang. Le promoteur et le chef de cette guerre civile était le général Obando, l'un des personnages accrédités aujourd'hui et l'un des candidats à la prochaine élection présidentielle. Cette insurrection vaincue, trois administrations conservatrices se sont succédé, — celle du docteur Marquez, celle du général Pedro Alcantara Herran, et la présidence du général Mosquera, qui expirait en 1849. Qu'on se reporte à cette année 1849 : les esprits s'enflammaient chaque jour au récit de la révolution de France ; le parti insurgé de 1840, successivement amnistié dans ses chefs et dans ses soldats, se relevait de sa défaite, servi par l'invisible courant des influences européennes ; il choisissait habilement pour candidat un homme qui n'avait point trempé dans la guerre civile, le général Lopez. Le jour où le congrès, — chambre des députés et sénat réunis, — devait ouvrir le scrutin et proclamer l'élu, des bandes armées envahissaient la salle ; les séides révolutionnaires agitaient le poignard contre les sénateurs et les députés conservateurs ; une scène de meurtre devenait imminente ; le général Hilario Lopez était ainsi nommé président de la Nouvelle-Grenade le 7 mars 1849 ! Voilà la source épurée d'où est sorti ce pouvoir qui a entrepris de réaliser la *vraie république*, la *vraie démocratie*, et de fonder la cité humanitaire des utopistes du vieux monde. Principes, procédés de gouvernement, langage, tout est identique. « La Nouvelle-Grenade s'est sentie agitée par le galvanisme politique et social de l'époque… La liberté avance, la vieille citadelle des restrictions tombe en ruines. Les escadrons mis en pièces, qui défendaient la cause ultramontaine, comprennent leur déroute et désertent le champ de bataille. Il est impossible d'arrêter le mouvement pacifiquement révolutionnaire qui a surgi des profondes commotions de l'esprit humain au XIXe siècle… Le 7 mars 1849 a été le *Te Deum* entonné par la démocratie devant le Dieu de la civilisation… » Qui parle ainsi ? Ce n'est rien moins que la *Gazette officielle* de la Nouvelle-Grenade, le Moniteur de Bogota. Chose d'un prix rare assurément que de voir ainsi prendre corps sur ce sol vierge et devenir des gouvernements les rêves, les cauchemars, les ombres de systèmes et les fantômes dont nos intelligences byzantines se plaisent parfois à se faire un amusement qui les corrompt et un tourment qui les dégrade !

La souveraineté du nombre, la *prédominance des masses*, tel est le principe avoué de la politique néo-grenadine actuelle. C'est je thème des messages et des manifestes du général Lopez, le mot d'ordre de ses sectateurs, et c'est un exemple de plus de la disproportion qui éclate souvent entre les mots et les choses dans le Nouveau-Monde. Nous ne savons si cette puissance anonyme des masses est nulle part réalisable. En définitive, comme principe de gouvernement, c'est la prépondérance attribuée à cette portion de barbarie qui couve au sein des sociétés, même les plus civilisées et les plus raffinées, et les jette dans de si inexprimables convulsions quand elle s'agite. Mais ce phénomène devient bien plus saisissant encore au-delà de l'Atlantique. Le nombre, dans les républiques hispano-américaines, c'est l'élément inculte et sauvage ; c'est cette multitude qui change de nom suivant les pays sans changer de nature et qui s'appelle le *gaucho*, le *guasso*, le *llanero*, le *roto*, l'Indien. Qu'on mette en action cet élément, ce ne sera guère autre chose que ce mouvement plus national que démocratique que nous dépeignions autrefois sous le nom d'*américanisme*[1] et qui est un des caractères extraordinaires de la vie publique de ces contrées : lutte permanente et vivace des mœurs et des passions locales contre la civilisation. Rosas a été dans la République Argentine le chef de ce mouvement tout en le dominant. Au Mexique, Santa-Anna, ce perpétuel factieux, n'est qu'un *guajiro* supérieur qui a tous les instincts, les goûts, les habitudes propres à ce type populaire ; il a les indolences et les ardeurs orageuses du *guajiro*, ses superstitions, ses fanatismes, son humeur insoumise, son amour du plaisir et des combats de coqs qui le consolent encore dans l'exil, entre deux révolutions. À Guatemala, l'un des récens dictateurs, Carrera, a joué le même rôle d'une manière plus sensible encore peut-être. Carrera est un métis, un *ladino* à qui on a oublié d'apprendre à lire dans sa jeunesse et qui a ses antécédents au désert. Il a été pendant longtemps dans l'Amérique centrale l'âme de plus d'un *pronunciamiento*, et, après chaque défaite, il disparaissait dans les montagnes, prenant parfois l'habit d'un garçon de ferme ou se faisant *estanciero*. Son prestige, parmi les classes populaires et les Indiens, était immense. Une des scènes les plus bizarres de sa vie fut son entrée à Guatemala, il y a quelques années, à la tête <u>d'une bande sauvage</u> qui pillait la ville pendant que son général,

1 Voyez la *Revue des Deux Mondes* du 15 novembre 1846, sur *l'Américanisme et les républiques du sud*.

Charles de Mazade

peu vêtu et monté sur un cheval magnifique, allait à la cathédrale remercier la Vierge pour sa victoire. Carrera a été, lui aussi, candidat démocratique ; il s'est fait depuis quelque peu conservateur et aristocrate ; il s'est façonné une tenue de général, et il ne lui déplaît pas d'être comparé à Napoléon, ce qui est le faible de beaucoup de ces dictateurs du Nouveau-Monde. — Au fond, avec des nuances diverses, c'est toujours la barbarie américaine faisant irruption dans la société civile avec sa vierge énergie et aussi avec ses passions rebelles, ses inaptitudes, ses ignorances, ses répulsions pour la vie organisée et pour la civilisation, dont le premier et irrémissible tort, à ses yeux, est d'être une étrangère. C'est ce qui fait que les partis prétendus démocratiques, contraints par leur rôle même de s'appuyer sur les classes populaires, font de si étranges amalgames : ils mêlent la liberté illimitée et les dictatures militaires ; ils vont puiser au dehors leurs inspirations et leurs idées, et ils flattent les haines locales contre les étrangers. Il y a quelque temps, un des journaux les plus extrêmes du Chili, le *Progresso*, traitait les négociants étrangers de Valparaiso de *voleurs*, de *monopoleurs*, d'*usurpateurs*, de *Carthaginois*, pour tout dire. La barbarie nationale parlait naïvement par la bouche du démocrate chilien. Qu'il surgisse quelque homme de vigoureuse trempe pour dominer ce mouvement en le personnifiant, ou qu'il se trouve des déclamateurs oiseux pour le déguiser sous des noms européens, — qu'importe ? n'est-ce point toujours la même chose ? C'est là le fonds réel, redoutable et inaperçu que recouvrent les démocratiques effusions du gouvernement néo-grenadin sur la souveraineté du nombre et la prédominance des masses. Le socialisme se fait l'auxiliaire de l'américanisme et lui sert de masque.

Rien de plus curieux, au reste, que l'œuvre législative de la Nouvelle-Grenade dans ces dernières années, depuis le *glorieux* 7 mars 1849 : œuvre sans réalité et sans durée, mais où se reflète avec une ingénuité singulière d'imitation tout ce que l'Europe a procréé de mieux en fait de caprices démagogiques. La première pensée des partis arrivant au gouvernement, c'est de bouleverser la législation du pays ; chacun a sa panacée et sa constitution. Aussi la Nouvelle-Grenade a-t-elle vu fleurir en 1851 son code politique nouveau, « le plus libéral du monde civilisé, » assurent les consciencieux auteurs qui se sont employés à ce fouillis démocratique. L'élection universelle, directe et souveraine est la source de tous les pouvoirs, depuis celui du président jusqu'à celui du juge. Au Chili, pour être électeur, il faut savoir lire et écrire et être quelque peu propriétaire ; dans d'autres républiques américaines, il faut être chef de famille, — et c'est un côté dont on ne se préoccupe pas assez en Europe dans la fabrication périodique des lois électorales. Dans la Nouvelle-Grenade, nulle condition n'est plus nécessaire aujourd'hui, si ce n'est celle d'être citoyen, et on est citoyen grenadin à peu de frais. Le droit absolu de réunion et d'association, la liberté illimitée de la pensée, comptent parmi les singuliers bienfaits dont la constitution de 1851 dote le pays. Une autre conquête, c'est le droit à l'assistance. Cherchez bien ce qui peut se cacher sous cette rare et précieuse découverte : — c'est le droit au travail *américanisé*, le droit à l'oisiveté et au vagabondage, justement proclamé en même temps que l'affranchissement subit et instantané des noirs. Est-ce donc qu'il y eût beaucoup d'esclaves dans la Nouvelle-Grenade ? Non, il en restait à peine dix mille, et le nombre diminuait chaque jour par l'effet lent et bienfaisant d'une loi de 1821, dite de *manumission*, qui déclarait libres les enfants à naître, sauf à ne jouir de leur liberté qu'après dix-huit ans, — et affectait un fonds spécial prélevé sur les successions à l'affranchissement progressif des autres esclaves. Au lieu de cette émancipation sage et mesurée, voici donc dix mille citoyens libres qui, à dater du 1er janvier 1852, travaillent au triomphe de la vraie démocratie par la maraude et l'exercice du droit à l'assistance ! Un signe certain par où se manifeste l'apparition du socialisme, c'est le relâchement des peines, lesquelles sont fort nuisibles, on en conviendra, à la liberté. La peine de mort a été solennellement abolie dans la Nouvelle-Grenade, et il a été même promulgué une loi de procédure qui, combinée avec l'absence de détention préventive, atteint à de merveilleux effets. D'après cette loi, toute instruction sur un crime ou un délit serait ajournée, dans le cas où le prévenu commettrait un nouveau méfait, jusqu'à parfaite instruction de la dernière affaire : d'où il suit que celui qui s'est rendu coupable d'un premier crime, pour éviter un jugement, n'a qu'à en commettre un deuxième, puis un troisième, et ainsi successivement. Ces étranges législateurs ont réussi à faire de la persévérance dans le crime la garantie de l'impunité et le bouclier de la liberté individuelle : miracle de cette

Charles de Mazade

« épopée de la civilisation » décrite avec l'orgueil d'un enthousiasme quelque peu burlesque par le rédacteur-poète de la *Gazette
officielle* de Bogota.

Et ce n'est pas seulement dans l'ordre civil que s'exerce le socialisme néo-grenadin ; il a les visées plus profondes ; il a conçu l'idéal
des religions nouvelles d'après nos romans et nos brochures. On ne
saurait croire à quel point *le Juif errant* de M. Sue a été une source
de révélations religieuses pour le général Lopez et les initiés démocratiques de Bogota. Il a été surabondamment démontré que tout
jésuite poursuivait une œuvre souterraine d'*absolutisme* et de *gothisme* en enseignant à lire et à écrire aux enfants, qui n'ont pas toujours là des maîtres laïques. *Le Juif errant* est le véritable auteur de
l'expulsion des jésuites de la Nouvelle-Grenade. Aujourd'hui, c'est
l'élection appliquée à la formation du clergé paroissial. Les prêtres
se trouvent soumis à la juridiction civile pour les actes même de
leur ministère, sous le prétexte de l'abolition du *fuero ecclesiastico*.
C'est ce qui s'appelle démocratiser l'église, la mettre en harmonie
avec le progrès humain et faire « le clergé citoyen. » Il nous faut des
évêques libéraux, s'écrie la *Gazette officielle* ; nous ne voulons pas
d'une hiérarchie ecclésiastique qui est la négation de la souveraineté populaire. La liberté des cultes, au lieu d'être une issue sagement ouverte aux populations étrangères réellement laborieuses
et attachées à leur religion, devient le passe-port du mépris et des
outrages officiels déversés sur le catholicisme. Bizarres esprits qui
s'emploient le plus stérilement du monde à tout saccager autour
d'eux au lieu de tout coordonner, à se faire novateurs, philosophes
humanitaires, proscripteurs de leurs traditions nationales, apôtres
de toutes les fantaisies, par mode, par passe-temps, uniquement
pour paraître libres, pour n'avoir point l'air de reconnaître des religions d'état et d'être du passé ! Il n'y a qu'une difficulté légère :
c'est que ce passé subsiste partout avec ses conditions, ses vieux
levains, ses barbaries et ses incohérences. Essayez de la philosophie humanitaire ou non et des moyens administratifs sur cet ensemble rebelle, ce sera risible. Les prédications révolutionnaires
produiront sur les masses l'effet des liqueurs fortes avec lesquelles
les premiers conquérants abrutissaient souvent les populations in-
digènes. Les moyens administratifs réussiront à aligner un jour par
semaine les pauvres *Cholos* en file serrée, le corps demi-nu, la tête

coiffée d'un chapeau de paille et le fusil au côté. Le christianisme, le catholicisme seul, dirons-nous, peut former ou ébaucher des sociétés avec ces éléments épars et discordants. Le protestantisme lui-même n'y pourrait rien. En dehors de toute question de dogme en effet, à un point de vue humain, le protestantisme est la religion des races qui ont un vigoureux ressort individuel : on a vu ce que le puritanisme a fait pendant trois siècles dans l'Amérique du Nord ; mais c'est justement ce ressort individuel qui manque aux races de l'Amérique du Sud. Il ne faut pas longtemps fixer son regard sur ces contrées pour reconnaître qu'une religion d'autorité seule peut amener à la vie morale et plier aux premières conditions de la civilisation ces races indifférentes et inactives, qui ont besoin en quelque sorte d'être prises par la main, d'être dirigées, transformées et élevées au niveau d'une sociabilité meilleure. Là où nulle organisation civile ne peut atteindre, le missionnaire arrive ; il dépose un germe d'association, crée des établissements, groupe des populations nomades et les assujettit à la vie réglée.

Un des plus récents voyageurs dans l'Amérique du Sud, M. de Castelnau, raconte qu'en descendant le Tocantin, il s'est trouvé jeté au milieu d'un village sorti de la veille du désert, celui de Boa-Vista. Quelques années avant, ce village n'existait pas ; en ce moment, il réunissait deux ou trois cents maisons et quinze cents âmes. L'église était en paille comme les maisons ; déjà cependant on travaillait la pierre pour des constructions nouvelles. Une grande régularité de mœurs régnait à Boa-Vista. Quel était le créateur de ce village ? C'était un pauvre moine du nom de fray Francisco. Chef absolu de cette petite colonie, fray Francisco n'avait rien par lui-même ; il vivait d'aumônes, conservait la simplicité d'un enfant et avait la vénération universelle de ces pauvres populations, qui quittaient le désert pour venir se grouper autour de lui et se soumettre à la règle de la prière et du travail. Veut-on un contraste frappant ? Suivez encore M. de Castelnau dans un village non loin de Boa-Vista, à la Carolina. Là règne l'autorité administrative dans la personne d'un jeune officier qui s'ennuie et qui cherche à passer son temps. Les voyageurs arrivent au milieu du jour, et tout est plongé dans le sommeil, selon l'habitude, parce que la nuit se passe dans les plus monstrueuses orgies que préside le jeune commandant lui-même, le sabre à la main, excitant les danses lascives, provoquant au plaisir

Charles de Mazade

les brunes filles des tropiques et corrompant toute une population par l'ivresse des voluptés grossières. Le degré de moralité de cet établissement se mesure par un chiffre bien simple : sur huit cents habitants environ, il y a deux femmes mariées. La Carolina danse et dort pendant que les sauvages non soumis l'étreignent de toutes parts et que les femmes ne peuvent pas même aller à la fontaine la plus voisine sans une escorte militaire. Tel est le double et saisissant résultat de ces deux genres si différents d'action. L'influence religieuse est si naturellement désignée comme la seule propre à cette œuvre civilisatrice, que les autorités de la Nouvelle-Grenade, un peu échappées aux fumées socialistes de Bogota et parlant dans les provinces, demandent simplement des missionnaires pour disputer le sol et les âmes à la vie sauvage. La réalité se révèle ici ; les conditions pratiques des choses se font jour, et c'est sur ce fond même réel et pratique que se détachent plus vivement encore dans leur artificielle et folle étrangeté tous ces caprices de religions démocratiques et de socialisme transcendant dont le gouvernement néo-grenadin se fait le triste agent, sous la pression et avec le secours des clubs et des journaux.

Quand nous disons que ces populations se jettent avec une fureur d'enfants sur les plus périlleux moyens d'action du vieux monde,- où ce caractère de puérile et violente imitation se reflète-t-il mieux, en effet, que dans les clubs et dans les journaux ? Les clubs sont absolument libres à la Nouvelle-Grenade. Chaque jour, la *Gazette officielle* enregistre la création de *sociétés démocratiques* qui enveloppent le pays dans un formidable réseau. À Bogota, outre la société démocratique, il y a une autre association sous le nom d'*école républicaine*, club modèle, agence supérieure de la propagande démagogique. Docteurs en droit révolutionnaire, prêtres *émancipés*, artisans enlevés à leur travail, orateurs vagabonds, sont les héros de ces réunions. Le gouvernement lui-même sanctionne leur autorité par sa présence ; il va faire profession authentique de socialisme. Le président Lopez reçoit des couronnes, tandis que le buste de Pie IX est mis en pièces. Le gouvernement se sert de cette force qui le domine lui-même, et le général Lopez sait bien que la pointe du poignard des clubs touche sa poitrine en cas de défaillance. Ce qui s'exhale de ces foyers, ne le sait-on pas ? Ne voyez-vous pas d'ici défiler dans leur grotesque appareil les déclamations sur le prolétariat, sur l'immoralité des armées permanentes, sur le célibat ecclésiastique, sur l'émancipation des femmes ? Ce sont les sujets sur lesquels s'épanche l'éloquence *rouge*. Une des plus mémorables séances des clubs grenadins, c'est celle où un des naturels du lieu, M. Jose-Maria Samper Agudelo, a fait un discours sur le *mariage civil*. Le mariage civil, on le comprend, c'est le mariage libre sur l'autel de la nature. « La liberté de la presse a affranchi la pensée, dit l'orateur ; la liberté industrielle multiplie la richesse ; pourquoi ne créez-vous pas la liberté conjugale, la liberté de l'amour noble et généreux ? .. » Suivent les plus pathétiques descriptions de toutes les horreurs qu'engendre la perpétuité du mariage et des enchantements des amours phalanstériens se nouant et se dénouant par la main des grâces, et se déroulant avec cette variété « qui fait l'harmonie de la vie. » Ne vous semble-t-il pas entendre tel philosophe de votre connaissance répétant son hymne : « C'est l'amour, l'amour, etc. » Le jeune et facétieux démagogue de Bogota n'a pas l'air de se douter qu'en ce qui touche ce *mariage civil* qu'il propose de créer, c'est-à-dire tel « que les époux puissent le rompre quand ils veulent, » il suffirait de se débarrasser quelque peu de ses préjugés civilisés, de se défaire de vêtements superflus, et de retourner au désert, à l'état de nature, pour le pratiquer au moins aussi bien que les sauvages, sans nulle espèce d'institution civile. Les scènes comiques ne sont point rares dans la vie des clubs grenadins « Démocrates, fondateurs de la liberté, dit un jour M. Samper Agudelo, sachez que le socialisme est la parole prononcée par Jésus-Christ sur le Golgotha. — Voici qui est étrange, répond un naïf catéchumène : je ne savais ce que c'était que le socialisme ; mais, puisque le bon Dieu a dit le mot sur le Golgotha, le socialisme est mon fait… » Et, comme il faut que la terreur se mêle à la bouffonnerie, écoutez le cri sanguinaire échappé un jour à un de ces énergumènes : « Si la mort de l'archevêque de Bogota est nécessaire au triomphe de notre cause, je suis prêt ; voici le bourreau ! »

Les journaux marchent du même pas dans cette voie. La Nouvelle-Grenade jouit de tous les bienfaits de l'état démocratique et social. La liberté illimitée de la presse y règne comme la liberté absolue des cultes. Vous pouvez être à votre gré mahométan, adorateur du soleil, idolâtre, païen, ou saper dans vingt publications jusqu'aux fondements de la société chrétienne et civile ; le délit de presse

Charles de Mazade

n'existe plus. Il y a eu à la Nouvelle-Grenade des journaux qui s'appelaient *le Communisme social*. La *Gazette officielle* elle-même met au jour des articles sur *l'idée républicaine*, sur *la démocratie et la théocratie*, sur *l'attraction passionnelle* et *l'association humanitaire*. Joignez à ceci une multitude de feuilles qui se succèdent et où respire la plus pure démagogie, — *l'Alacran*, le *Neo-Granadino*, les *Avisos de Monserrate*, le *Baile*, le *Cañon*, etc. Dans divers pays de l'Amérique du Sud, au Chili et à Valparaiso surtout, au Pérou maintenant, les journaux multiplient les données utiles sur l'industrie, le commerce, les mouvements maritimes ; ils se modèlent sur les journaux anglais. Ce qui domine aujourd'hui dans ceux de la Nouvelle-Grenade, c'est la discussion enflammée, la polémique furibonde, la personnalité injurieuse et cynique ; ce sont les habitudes de nos plus tristes jours saisies avec une ardeur fiévreuse indescriptible mélange de passions locales et d'inspirations de notre littérature révolutionnaire, où on voit les types mis en circulation par nos romanciers devenir l'objet d'odieuses applications vivantes dans la lutte des partis ! En faut-il un spécimen ? Voici un journal socialiste qui s'amuse à peindre toute une galerie politique et morale du monde conservateur de Bogota dans une littérature infiltrée de sang. Il y a un parallèle de la femme *rouge* et de la femme *gothe, jésuite*, qui ne laisse point que d'avoir son prix. Un nom de fantaisie déguise à peine les principaux personnages publics… « Malipieri, dit le journal, est un des chefs du parti goth ; doué du génie de l'intrigue, de la férocité et de la vengeance, il sait combiner un plan, diriger un siège, frapper un coup ; c'est une nature de soldat, et sur son front le casque irait mieux que la mitre. À l'abri du caractère sacerdotal, il enchaîne à lui les misérables fanatiques qu'il séduit par sa parole pour les affilier à sa bannière, non de paix, mais de guerre à mort… Au lieu de contenir ses prêtres, qui trompent le peuple avec leurs doctrines rétrogrades, il les pousse, les autorise, les excite, sans songer que, si la guerre venait à éclater, le sang versé tacherait ses vêtements et serait son accusateur devant Dieu ; il met dans leurs mains l'épée au lieu de la croix, et sur leurs lèvres l'anathème à la place de la prière. Il verrait avec joie son troupeau nager dans le sang, comme Néron contemplait l'incendie de la cité des empereurs. — Et Rodin ! oh ! le mémorable Rodin est l'autre colonne du gothisme, la meilleure peut-être, parce qu'il y a en lui les qualités propres à un chef. Il a la méchanceté de l'Indien, la dureté du sauvage, la férocité du Caraïbe, l'astuce du jésuite ; il a un cœur dur comme le platine, inaccessible à la douleur et à la pitié ; il sait intriguer, et au besoin assassiner ; il persuade aux imbéciles que le zèle religieux brûle en lui, tandis que dans son cœur il n'y a point de Dieu, point de religion connue, rien que la soif du pouvoir, de la vengeance et de la destruction. C'est le type de l'hypocrite de l'Évangile, le Philippe II de l'époque… » Sait-on quelles figures réelles se cachent sous ces effroyables peintures ? Celle de l'archevêque de Bogota, M. Mosquera, l'un des plus dignes prélats de l'Amérique du Sud, qui a eu le tort de ne point tomber en admiration devant le socialisme grenadin, et celle d'un des hommes politiques les plus distingués du pays, M. Mariano Ospina. Malipieri, Rodin, bribes de l'érudition romantique et sociale, — tapage des clubs, défroques humanitaires, constitutions démagogiques, gouvernements de faction, liberté illimitée de la fureur humaine, — voilà quel habile et cruel usage ces natures dévorées d'anarchie font des armes que nous leur forgeons ! Cela nous rappelle ces autres enfants terribles et farouches, les Irlandais, qui, en 1848, s'exerçaient à l'insurrection « à la mode française, » et s'instruisaient dans l'art de jeter du vitriol, sur les habits rouges, et de semer du verre cassé sous les pas de la cavalerie du lord-lieutenant. Quoi encore ! pour compléter la reproduction de toutes les scènes et de tous les incidents révolutionnaires qui ont agité l'Europe, l'Amérique du Sud n'a-t-elle point failli avoir sa guerre du Sonderbund entre la Nouvelle-Grenade et l'Équateur ? Le radicalisme suisse entre ici en rivalité ou en communauté d'influence avec le socialisme français.

Pensez-vous que de telles tentatives, si artificielles qu'elles soient, ne portent point leurs fruits et n'aient point leur retentissement dans la vie réelle ? La vérité est que la Nouvelle-Grenade, dans ces dernières années, s'est trouvée livrée à une sorte d'anarchie chronique, de désordre pratique et normal. Le socialisme s'est promené dans les provinces sous la forme infiniment peu métaphysique du pillage et de la dévastation matérielle. Dans le sud notamment, dans la province de Cali, les barrières des propriétés étaient brisées ; des émissaires allaient dans les *haciendas* exciter les esclaves à la révolte et au meurtre de leurs maîtres ; les femmes étaient exposées aux insultes dans les rues et au viol dans leurs maisons.

Charles de Mazade

L'autorité publique dormait, ou restait spectatrice de ces crimes, dont les auteurs étaient ses clients, les séides des *sociétés.démocratiques*, armés pour la défense du pouvoir. À Bogota même, sous les yeux du gouvernement, tous les vices, le libertinage, le jeu, la paresse, se sont développés en peu de temps dans des proportions sensibles ; les vols et les attaques individuelles se sont multipliés au point d'engendrer une insécurité universelle. Il y a une inépuisable série de faits de ce genre rangés dans le pays sous le nom caractéristique de *scènes de l'époque*. L'instinct public s'en empare et s'en émeut ; l'anxiété s'accroît par la propagation de ces bruits ; la passion de parti y ajoute ses irritants commentaires. « Le *rougisme* progresse, disent les conservateurs ; — c'est le dernier effort du *gothisme* vaincu, s'écrie plaisamment le gouvernement. — Les voleurs sont des libéraux, reprennent les modérés ; — les voleurs ne peuvent être que des *goths* et des *rétrogrades*, répondent les socialistes. » En réalité, les voleurs ne sont ni des goths ni des libéraux ; ils font leur métier, ils mettent à profit le désarmement volontaire de l'autorité publique et la déchéance officielle infligée aux lois morales. Ils font des sociétés d'assurances mutuelles pour suffire aux cautions légales, garanties de leur liberté, et pour ajourner leur jugement en commettant quelque nouveau crime, comme on l'a vu. La démocratie grenadine a imaginé d'emprunter à l'Europe un élément de progrès dans les idées socialistes ; elle ajoute l'anarchie du vieux monde à l'anarchie du nouveau ; elle réunit sur le même sol la barbarie née de l'excès de la civilisation et la barbarie des sociétés naissantes. Quels peuvent être les fruits de ce monstrueux assemblage, si le socialisme venait à être autre chose qu'une fantaisie de quelques cervelles mal réglées ? M. Félix Frias le pressent avec une saisissante sagacité. « Le jour où les idées rouges pénétreraient réellement dans nos masses, dit-il, serait le jour d'une conquête nouvelle de l'Amérique du Sud par les Indiens vaincus autrefois. Ceux-ci seraient alors assez forts pour dépouiller les spoliateurs et les surprendre victorieux dans les orgies de leurs rapts et de leurs violences... »

Ce n'est point, au surplus, sans résistance que la contagion socialiste a envahi la Nouvelle-Grenade. Ceux que la *Gazette officielle* appelle les *goths*, et qui sont réellement le parti conservateur, modéré, sagement libéral, ont essayé de lutter. Une opposition vigoureuse s'est élevée ; bannie des chambres, elle s'est réfugiée dans la presse ; elle a organisé des associations. À côté de *l'école républicaine* de Bogota, il se formait une autre réunion sous le nom de *sociedad filotémica*, asile de la jeunesse conservatrice. Des journaux d'une vivacité et d'une habileté singulières, — *le Dia*, la *Civilizacion*, le *Porvenir*, la *Republica*, — harcelaient chaque jour les nouveaux dominateurs par leurs polémiques. Un des plus remarquables esprits de la Nouvelle-Grenade, le docteur Julio Arboleda, dressait dans le *Misoforo* le plus virulent acte d'accusation contre le général Lopez. Ce n'est point le talent qui manque à cette opposition et à ces journaux, c'est le point d'appui dans un pays où les opinions et les intérêts sont trop peu dessinés pour devenir une force disciplinée et compacte, et pour qu'il n'y ait point toujours quelque chose de factice dans l'action des partis. Ce qui paralyse aussi l'influence de cette opposition, c'est ce qui fait la mort de tous les partis conservateurs, — l'absence de cohésion, la division, qui a déjà favorisé l'avènement au pouvoir du général Lopez en 1849. Maintenant, quelle est la situation politique de la Nouvelle-Grenade ? Une insurrection a éclaté en 1851. Le mouvement est né d'abord à Antioquia et s'est étendu de là aux provinces environnantes du Cauca, de Buenaventura, de Popayan, qui embrassent la portion méridionale de la république ; il avait à sa fête le général Eusebio Borrero et quelques colonels de l'armée grenadine. Ce soulèvement avait pour but de secouer le despotisme rouge, et pour cela Borrero avait commencé par proclamer l'indépendance des provinces du sud. D'assez nombreuses guerrillas sont parvenues à tenir la campagne pendant quelques mois ; mais cette insurrection a été définitivement vaincue au mois d'août. Les principaux chefs du parti conservateur sont aujourd'hui hors du pays ; quelques-uns l'avaient quitté depuis longtemps. Le général Mosquera, président avant 1848, est aux États-Unis. Deux des diplomates les plus distingués de la Nouvelle-Grenade, M. Francisco Martin et M. Mosquera, frère de l'ancien président, étaient en Europe depuis 1849. M. Julio Arboleda a été jeté en exil par la dernière levée de boucliers. M. Mariano Ospina a été fait prisonnier. La récente victoire du général Lopez, au reste, est bien moins faite pour lui profiter à lui-même qu'à son successeur probable au pouvoir, le général Jose-Maria Obando, candidat aux prochaines élections présidentielles. Or le général Obando est violemment soupçonné de complicité dans l'assassinat dont le général Sucre a été victime il y a vingt ans ; il a été le chef de l'insurrection de 1840 ; il est en ce moment l'élu, le héros, l'espoir des sociétés démocratiques, qui attendent de lui la réalisation de toutes les promesses humanitaires. Que fera le général Obando, s'il est nommé ? Il ne pourra guère faire autre chose que ce qui se pratique déjà à la Nouvelle-Grenade. Il prolongera la comédie socialiste jusqu'à ce qu'un souffle vienne abattre décoration et acteurs ; il présidera ce club de fantômes qui s'appellent *citoyens*, qui se poursuivent des mots de *liberté, égalité, fraternité*, et chuchotent des discours sur la destinée sociale, en attendant que la cognée de l'Indien vienne frapper à leur porte, ou qu'une conquête d'un autre genre vienne les préserver de la vie sauvage.

Assurément., c'est un spectacle lamentable que celui d'un coin de terre livré à ces folies. Le suprême non-sens du socialisme, c'est qu'il voile de noms ridicules et d'agitations factices les véritables problèmes qui se débattent au sein du Nouveau-Monde, ou qui le menacent du dehors. C'est la continuation plus criante de cet artifice qui faisait dire à un voyageur : « En Amérique, les noms sont civilisés, les choses sont barbares. » Le fanatisme de l'imitation et de l'abstraction cause depuis un demi-siècle ce perpétuel mirage qui trompe sur la réalité par une succession d'apparences dérisoires. Les changements de constitutions, les révolutions politiques, les législations socialistes, tout en étant les symptômes du mal qui travaille l'Amérique du Sud, ne le guérissent pas ; ils l'aggravent au contraire en le méconnaissant. Ce mal, c'est le défaut d'éducation morale, de caractère moral chez ces races qui flottent sans cesse entre les suggestions sauvages et les excès intellectuels. Le mal encore, c'est l'inaptitude pratique en face d'un monde à conquérir et d'éléments inouïs de richesse, c'est l'absence de population sur un sol sans limites. Ce que l'Amérique du Sud a besoin de demander à l'Europe, ce ne sont point ses théories, ses systèmes, ses lubies progressives et humanitaires, ce sont ses missionnaires, ses ingénieurs, ses ouvriers, son industrie, ses capitaux, — tout ce qui ouvre quelque éclaircie morale dans la vie sauvage, fonde la sociabilité, abat un pan de forêt vierge, défriche un pouce de sol de plus, développe le travail, constitue une force, tout ce qui fait, en un mot, la réalité et la consistance de la civilisation. El comme il y a une intime connexité au fond de tous les mouvements actuels du monde, ce qui est un besoin, une nécessité pour l'Amérique du Sud, est un soulagement pour l'Europe. C'est cette connexité qu'exprime M. Félix Frias avec un sentiment éloquent et attristé dans ses *lettres*. « J'avoue, dit-il, que le paupérisme européen pèse comme un reproche sur ma conscience d'Américain. L'histoire pourra dire sévèrement de nous : Tandis que les progrès mêmes de la civilisation et de l'industrie multipliaient en Europe le nombre des pauvres, tandis que les hommes les plus intelligents travaillaient inutilement à calmer les douleurs du paupérisme, afin de contenir ses ravages, et que les ambitieux démagogues soufflaient sur cette misère pour l'enflammer, que faisait l'Amérique espagnole ? Elle imitait avec un enthousiasme insensé les excès mêmes de la révolution française… Le Chili s'appropriait les clubs abolis en France ; la Nouvelle-Grenade vivait de plagiats socialistes… Ces pays avaient besoin de population pour se civiliser, tandis que l'Europe avait trop de la sienne, et cependant des Américains factieux, incapables d'ordre, laissaient désertes ces vastes régions où les misères de l'Europe eussent pu trouver un si prompt et si facile remède. La moitié la plus précieuse du monde de Colomb existait comme si elle n'eût point été découverte pour l'agrandissement et la prospérité de l'espèce humaine… » Ce que M. Félix Frias aurait pu ajouter, c'est que, tandis que ces populations s'enivrent de leurs fanatismes politiques et consument leurs forces dans des révolutions oiseuses, quand elles ne sont pas sanglantes, la puissance anglo-américaine marche déjà sur elles et les couve du regard.

De tous les spectacles contemporains, un des plus saisissants peut-être, c'est ce travail d'envahissement de la race anglo-américaine à l'égard du monde espagnol d'outre-mer ; elle le presse et l'enveloppe de toutes parts ; elle menace Cuba, dévore des provinces comme le Texas et la Californie, enfonce son coin au cœur du Mexique, qu'elle met chaque jour à la veille de la dissolution. Aujourd'hui c'est à Panama, dans la Nouvelle-Grenade même, qu'elle met le pied. Ses procédés de conquête ne sont point ceux des puissances européennes, qui envoient leurs escadres et plantent leur pavillon sur un territoire ; elle s'empare d'un pays par l'industrie de ses émigrants, qui s'y fixent, s'y enrichissent et arrivent à y faire prédominer leur influence. Panama appartient ainsi déjà aux Anglo-Américains ; ils sont les maîtres de tous les intérêts et de toutes les industries. Le chemin de fer qui est sur le point de joindre les deux océans est leur œuvre et leur propriété. Ils ont créé un journal sous le titre significatif d'*Étoile de Panama (Panama-Star)* ; ils changent les noms des lieux ; la baie de Limon s'appelle *Navy-Bay*. Une portion du district de Chagres, Furnia, devient *American-Town* ; là ils ont une administration, une justice à eux, indépendantes des autorités grenadines. Les *isihmeños* eux-mêmes entrevoient le jour où ils formeront un des états de l'Union. Cela est tout simple : il y a quelques années à peine, l'isthme, avec de prodigieux éléments de fécondité, était un lieu désert, abandonné et plein de misère ; aujourd'hui d'innombrables émigrants le sillonnent chaque jour ; l'or circule de toutes parts ; de nouveaux centres de population se forment, l'industrie se développe. Si un événement imprévu, la découverte des mines de la Californie, a déterminé l'essor de cette prospérité nouvelle, les Anglo-Américains en sont les principaux auteurs et l'entretiennent. Les *isthmeños* ont ce spectacle sous les yeux, et il est curieux de voir cette population sans ressort plier sous l'ascendant du travail et de l'intelligence que déploie le *Yankee* dans ses conquêtes, et se préparer à se laisser absorber. « L'isthme de Panama sera un état de la confédération américaine, c'est indubitable, écrit un journal grenadin. Il est destiné à occuper une des premières places dans le monde commercial ; il est le point de mire de l'ambition des citoyens de l'Union ; il sera à eux infailliblement. » Déjà même on discute ostensiblement une cession de territoire à prix d'argent. Or Panama est la clé du continent sud-américain. C'est ainsi que marche à pas de géant cette infatigable race, prête à prendre au sérieux cette étrange prophétie qui s'est fait entendre, il y a quelques années, dans le sénat de Washington, et qui n'assignait à sa puissance d'autres limites que la Patagonie et le cap Horn. Stériles ou corruptrices au point de vue de la civilisation intérieure, pensez-vous que les formules socialistes de la Nouvelle-Grenade conjurent cet autre danger venu du dehors ? Mais ici s'élève une question plus grave encore : le sang sera-t-il assez refroidi dans les veines de l'Europe pour que nous laissions s'accomplir cette lente et progressive prise de possession d'un continent par une race ambitieuse ? Observez de près et d'un coup

d'œil l'ensemble de ces mouvements lointains : un monde tout en-
tier à civiliser, une tentative gigantesque d'absorption préméditée
et, poursuivie par un peuple audacieux, une question d'influence
générale pour l'Europe, — voilà ce que dissimule et défigure à nos
yeux ce nuage rouge et fantasque qui est allé s'abattre sur quelques-
unes des contrées les plus tristement privilégiées de l'Amérique du
Sud.

ISBN : 978-1543009019

Charles de Mazade

www.ingramcontent.com/pod-product-compliance
Lightning Source LLC
Chambersburg PA
CBHW072026280526
45788CB00007B/2692